Pour Bill Haber
qui voit également avec son cœur

Traduit de l'anglais par Noël Chassériau

Supplément réalisé avec la collaboration
de Dominique Boutel et Anne Panzani
Conception de mise en page : Françoise Pham

ISBN : 2-07-051858-2
Titre original : *Helen Keller*
Publié par Scholastic Inc., New York
© Margaret Davidson, 1969, pour le texte
© Éditions Gallimard Jeunesse, 1999, pour les illustrations
et le supplément
Numéro d'édition : 85225
Loi n° 49-956 du 16 juillet 1949 sur les publications
destinées à la jeunesse
Dépôt légal : mai 1999
Imprimé en France par Pollina n° 77619

MARGARET
DAVIDSON

ILLUSTRÉ PAR
GEORGES LEMOINE

La métamorphose
d'Helen Keller

GALLIMARD JEUNESSE

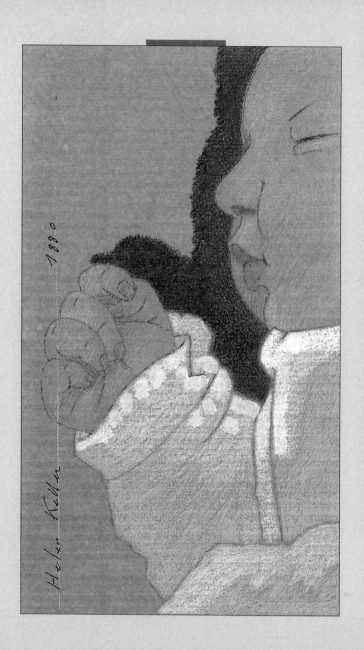

Helen Keller

1880 -

UNE FIÈVRE ÉTRANGE

Pour Helen, tout se passa d'abord au mieux. Elle fit des risettes, aima et se développa comme n'importe quel bébé. Elle commença par se déplacer à quatre pattes, puis marcha et apprit à parler. Chaque jour apportait sa moisson d'aventures.

Et puis tout se bloqua. La veille, Helen riait et jouait comme d'habitude. Le lendemain, elle était clouée au lit, visiblement très, très malade. On appela le médecin, mais il ne put pas faire grand-chose. Une fièvre étrange la consumait.

Helen avait probablement la scarlatine. De nos jours, il existe des médicaments qui auraient pu la guérir. Mais Helen est née il y a plus de cent ans, avant que ces médicaments ne soient inventés.

Aussi Helen s'affaiblit-elle de jour en jour. Le médecin ne laissait guère d'espoir à sa mère et à son père. Helen Keller n'avait que dix-huit mois, et le médecin était convaincu qu'elle ne dépasserait pas beaucoup cet âge.

Et soudain, la fièvre tomba brusquement. Helen sembla se rétablir. M. et Mme Keller poussèrent un soupir de soulagement.

– Maintenant, tout va rentrer dans l'ordre, dit le médecin.

Mais ce ne fut pas le cas. Helen dormit pendant des heures. Quand elle s'éveilla, c'était le matin. Le soleil entrait à flots par la fenêtre, et son lit était baigné de lumière.

Mme Keller se pencha sur son bébé. Elle sourit et agita sa main devant le visage d'Helen. Bien que ses yeux fussent grands ouverts, elle ne cilla même pas.

C'était bizarre. Mme Keller remua de nouveau la main, plus près des yeux de sa fille. Helen regardait droit devant elle.

Cette fois, Mme Keller alla chercher une lampe et en dirigea la vive lumière dans les yeux de l'enfant. Le regard d'Helen resta fixe.

Sa mère fondit en larmes.

– Helen est aveugle. Elle ne voit rien. Mon bébé est aveugle !

Un matin, quelques jours plus tard, Mme Keller habilla Helen et l'assit par terre au milieu de la chambre. A ce moment-là, une cloche se mit à carillonner dans la cour. Chez les Keller, cette cloche annonçait les repas. Helen adorait manger. Chaque fois qu'elle entendait tinter la cloche, elle trottinait au plus vite vers la salle à manger. Mais ce matin-là,

elle ne fit pas un geste. Elle n'eut aucune réaction.

Mme Keller était en train de faire le lit de sa fille.

– Helen ? appela-t-elle. Helen ?

Mais Helen ne bougea pas.

Mme Keller ramassa un hochet parmi les jouets et le secoua vigoureusement contre l'oreille de sa fille qui ne tourna même pas la tête.

Alors sa mère comprit. Cette fois, elle ne pleura pas. Simplement, elle se baissa et prit Helen dans ses bras.

– Mon bébé est également sourd, murmura-t-elle.

LE SILENCE DES TÉNÈBRES

Le médecin examina Helen et secoua la tête.

– Je ne peux rien pour elle, dit-il.

Mais le père et la mère d'Helen refusèrent de capituler aussi facilement. Tuscumbia, la petite ville d'Alabama qu'ils habitaient, n'était qu'une bourgade et ne possédait qu'un seul médecin. Aussi emmenèrent-ils Helen consulter d'autres praticiens dans d'autres villes plus importantes. Mais la réponse fut partout la même.

– Aucun espoir.

Finalement, les Keller se résignèrent à l'idée qu'Helen passerait le restant de ses jours murée dans des ténèbres silencieuses.

Elle ne voyait pas le soleil le plus éblouissant, elle n'entendait pas le bruit le plus assourdissant. Très vite, elle oublia les mots qu'elle avait appris et devint muette : elle était incapable de dire quoi que ce soit.

Le corps d'Helen continua à grandir, mais comment son esprit aurait-il pu se développer dans l'obscurité silencieuse ? Il y avait tellement de choses qu'elle était désormais incapable de comprendre. Quand elle pleurait, elle ne savait pas qu'elle était triste. Quand elle criait et donnait des coups de pied, elle ignorait qu'elle était en colère. Elle souriait très rarement. Elle ne riait jamais.

Elle souhaitait être comprise, mais ne pouvait pas s'exprimer : elle ne connaissait aucun mot. Helen ne savait même pas son propre nom. Alors elle se mit à faire des signes.

Hocher la tête signifiait oui. Secouer la tête signifiait non. Tirer quelqu'un par le bras signifiait viens, le repousser signifiait va-t'en. Si Helen désirait un objet volumineux, elle écartait largement ses mains, comme si elle tenait un gros ballon. Si elle voulait quelque chose de petit, elle pinçait sa peau entre deux doigts.

Mrs. Keller — 1885

Quand Helen désirait la présence de sa mère, elle caressait sa propre joue en poussant une sorte de miaulement étouffé.

Le père d'Helen portait des lunettes. Helen aimait les toucher, les retirer et les reposer sur le nez de son père. Quand elle voulait son père, elle faisait semblant de mettre des lunettes.

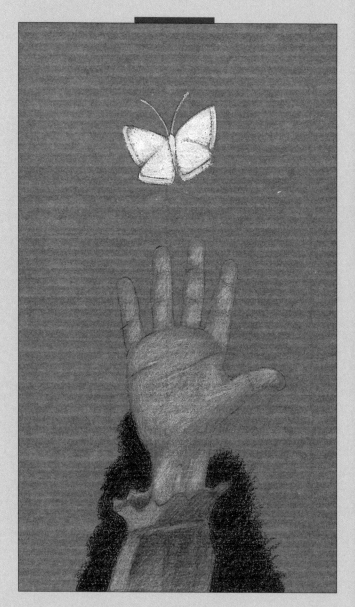

Elle disposa vite d'une soixantaine de signes pour faire connaître ses désirs.

Helen essayait de découvrir le monde extérieur en touchant tout ce qu'elle pouvait atteindre.

Les Keller habitaient une petite ferme. Helen adorait caresser les chevaux et les vaches. Sa mère lui apprit à nourrir les poules ; certaines s'étaient habituées et elles venaient lui manger dans la main. Alors Helen lissait leur corps chaud et dodu. Elle aimait toucher tout ce qui bougeait. Mais il y avait tant de choses qu'il lui était impossible de comprendre.

Elle tâtait du bout des doigts la figure et les mains de son père. Sentant que celui-ci tenait un livre, elle voulait en faire autant et prenait à son tour un livre qu'elle plaçait devant son visage. Seulement, elle ignorait à quoi servaient les livres.

Sentant sa mère arracher des mauvaises herbes dans le jardin, elle tentait de l'imiter, mais comment aurait-elle pu saisir la

16

différence entre une mauvaise herbe et une fleur?

Le pire, c'était les lèvres. Chaque fois qu'Helen sentait bouger les lèvres de quelqu'un, elle remuait les siennes. Mais elle ne comprenait pas à quoi correspondaient les mouvements des lèvres.

A quoi donc jouaient-ils tous? Qu'est-ce qu'ils manigançaient? Helen devenait de plus en plus irritable. Parfois, la colère s'emparait d'elle, alors elle donnait des coups de pied, elle poussait des hurlements, elle essayait de briser tout ce qui était à portée de ses mains. Mais cela ne la soulageait pas. Elle devenait de plus en plus hargneuse. Bientôt, plus une seule journée ne s'écoula sans un violent accès de colère.

Il y avait tant de choses qu'elle ne pouvait pas savoir! Un jour, elle renversa un peu d'eau sur son tablier. Elle le retira et l'étendit devant la cheminée. Comme il ne séchait pas suffisamment vite à son gré, elle le rapprocha de plus en plus du feu.

Finalement, elle jeta le tablier directement sur les flammes.

Les flammes traversèrent le tablier et atteignirent la robe d'Helen! Au feu! Elle brûlait! Helen hurla. Heureusement, il y avait quelqu'un dans la pièce voisine. Le feu fut éteint avant d'avoir causé la moindre brûlure.

– Mais elle aurait pu en mourir, dit Mme Keller.

– Ou faire brûler la maison de la cave au grenier, rétorqua le père d'Helen, et nous avec.

Combien de temps cela pourrait-il encore durer?

Lorsque Helen eut cinq ans, sa sœur Mildred vint au monde. Tout ce qu'Helen comprit, au sujet du bébé, c'est qu'il prenait trop de temps à sa mère. Un temps qui, jusqu'à présent, avait été sa propriété exclusive!

Trop souvent, lorsqu'elle voulait se blottir dans les bras de sa mère, elle trouvait la

place déjà occupée par le bébé. Un jour, Helen plongea une main dans le berceau de sa poupée... et y trouva le bébé. C'en était trop ! Helen gronda comme une bête, puis tendit les bras et fit basculer le berceau. Le bébé tomba sur le sol et hurla. Heureusement, Mildred ne fut pas blessée. Mais que se passerait-il la prochaine fois ? De jour en jour, Helen grandissait en taille et en sauvagerie.

– La prochaine fois, elle risque vraiment de faire du mal au bébé... sinon pire, dit le père d'Helen. Non, je crains que nous n'ayons plus le choix. Il va falloir envoyer Helen quelque part.

– L'envoyer quelque part ! s'exclama Mme Keller. Où pourrions-nous l'envoyer ?

Mais elle connaissait déjà la réponse : le seul établissement qui accepterait de recevoir une sauvageonne comme Helen, c'était l'Asile d'aliénés de l'État !

– Attendons encore un peu, supplia Mme Keller.

M. Keller acquiesça, mais ils savaient tous les deux que ce n'était pas une solution. L'un comme l'autre, ils comprenaient que, tôt ou tard, ils devraient se séparer de leur fille. Et puis un beau jour, Mme Keller tomba sur un article parlant d'une école spécialisée du Massachusetts, l'Institut Perkins de Boston. Perkins était destiné à accueillir des élèves aveugles mais, bien des années auparavant, les professeurs de cet établissement avaient eu affaire à une petite fille qui était à la fois aveugle et sourde. D'une manière ou d'une autre, ils s'étaient débrouillés pour lui faire assimiler le monde extérieur.

– Écris-leur, demanda Mme Keller à son mari. Peut-être pourraient-ils aussi aider Helen.

M. Keller secoua la tête. Il avait perdu quasiment tout espoir. Mais le soir, il s'assit à son bureau et écrivit une lettre à l'Institut Perkins. Maintenant, il ne restait plus qu'à attendre.

Arrivée de l'étrangère

Que se passait-il donc ? Toute la journée, Helen avait senti que quelque chose se préparait. La maison avait été nettoyée de fond en comble : on avait tout ouvert et aéré, même la chambre d'amis. Des fumets alléchants s'échappaient en permanence de la cuisine, et tout le monde était occupé, bien trop affairé pour s'occuper d'elle.

En fin d'après-midi, Helen sentit sa mère mettre son chapeau et ses gants. Depuis longtemps, elle avait appris que cela signifiait que sa mère se rendait quelque part. Aussi se cramponna-t-elle à la jupe maternelle : elle aussi voulait sortir. Mais Mme Keller la repoussa doucement et partit seule avec la carriole.

Quoi qu'il se passât, Helen ne le supportait pas. Elle avait maintenant six ans, mais pas de mots à sa disposition pour exprimer ce qu'elle ressentait. De temps en temps, elle secouait tristement la tête. Et elle attendait.

Pendant longtemps, il ne se passa rien. Et puis, brusquement, Helen se figea. Elle semblait écouter de toutes ses forces, et, d'une certaine manière, c'était bien ce qu'elle faisait. Pas avec ses oreilles, mais avec son corps.

Elle était incapable d'entendre le plus tonitruant des fracas, mais il lui arrivait parfois de percevoir un claquement ou un tremblement dans les parages. Elle ressentait les vibrations de l'air ou du sol.

C'est alors qu'elle sentit les claquements de sabots d'un cheval et la vibration des roues de charrette remontant l'allée. La carriole s'arrêta devant le porche. Helen perçut ensuite des pas traverser le porche pour se diriger vers elle. C'était sa mère. Sa mère était enfin de retour ! Helen tendit les bras et se sentit soulevée de terre.

Mais ce n'était pas sa mère ! C'était les bras d'une étrangère !

L'étrangère en question était Mlle Annie Sullivan, qui avait fait tout le voyage depuis l'Institut Perkins pour venir en aide à Helen. Mais, évidemment, Helen l'ignorait. Tout ce qu'elle savait, c'était qu'une inconnue la tenait dans ses bras. Et Helen n'aimait pas être touchée par des inconnus.

Alors elle se cambra, se démena, essaya de se libérer. Mais les bras de l'étrangère se contentèrent de resserrer leur étreinte. Helen se mit à gronder.

– Lâchez-la, mademoiselle Annie ! s'écria le père d'Helen. Sinon, elle va vous faire du mal !

29

Les bras se desserrèrent, et Helen s'éloigna d'un bond.

Elle n'aimait pas les étrangers, mais ils excitaient sa curiosité. Aussi revint-elle sur ses pas. Elle passa la main sur le visage d'Annie Sullivan et sur sa poussiéreuse tenue de voyage. Annie éclata de rire.

– Je vois qu'elle n'aime pas qu'on la touche, dit-elle. Mais elle n'est nullement effrayée, n'est-ce pas ?

M. Keller prit son temps pour lui répondre.

– Nullement, mademoiselle Annie, dit-il finalement. Et je pense que vous vous rendrez vite compte que cela pose parfois des problèmes.

Le lendemain matin, à la première heure, Mme Keller conduisit Helen dans la chambre d'Annie Sullivan. Le moment était venu de procéder à la première leçon. Ce qu'Helen ignorait, bien entendu. Aussi se contenta-t-elle de se promener à travers la chambre en tripotant tous les objets inconnus que l'étrangère avait apportés avec elle.

L'exploration débuta par la valise d'Annie, qui était posée sur le lit, grande ouverte. Les mains curieuses y plongèrent, et devinez ce qu'elles y trouvèrent ? Le visage d'Helen s'éclaira. Elle comprit immédiatement de quoi il s'agissait : c'était une poupée. Elle en avait d'autres dans sa chambre, mais c'était celle-là qu'il lui fallait. Elle l'extirpa de la valise et la serra sur son cœur.

– C'est un cadeau que les petites aveugles de Perkins envoient à Helen, expliqua Annie à Mme Keller. Et c'est également un aussi bon moyen qu'un autre pour commencer son éducation.

Elle prit la main d'Helen dans les siennes. Helen tira immédiatement en sens inverse, mais s'arrêta aussitôt. Qu'est-ce que l'étrangère faisait à sa main ?

– Nous appelons cela l'alphabet digital, dit Annie à la mère d'Helen. C'est une façon de parler aux sourds. Avec mon doigt, je trace les lettres P-O-U-P-E-E dans la paume d'Helen. Après quoi je prendrai sa main et lui ferai toucher la poupée qu'elle tient dans ses bras. Vous comprenez ? D'abord le mot, ensuite l'objet qu'il désigne. J'essaye simplement d'établir dans son esprit un lien entre ces deux choses.

– Regardez, mademoiselle Annie ! s'écria Mme Keller. Helen fait les mêmes gestes que vous !

En effet, les doigts d'Helen Keller dessinaient lentement les lettres du mot P-O-U-P-E-E.

– Toi, alors, tu es un vrai petit singe, murmura Annie.

Elle se penchait pour aider Helen lorsqu'elle aperçut l'expression du visage de Mme Keller.

– Non, non ! Ne vous réjouissez pas

33

trop vite, dit vivement Annie. Helen a appris à tracer les lettres de son premier mot. Et il ne lui a pas fallu longtemps. Mais elle ne sait pas que ces lettres désignent toutes les poupées du monde. Elle ignore qu'elles ont une signification.

Annie se tourna à nouveau vers Helen.

– Bon, allons-y ! Continuons la leçon.

Annie retira la poupée des bras d'Helen. Elle se préparait à la lui rendre aussitôt qu'Helen épellerait à nouveau le mot P-O-U-P-E-E. Mais cela, Helen l'ignorait. Tout ce qu'elle savait, c'est que l'étrangère lui avait pris sa poupée. Et elle voulait la récupérer !

A plusieurs reprises, Helen tendit le bras vers la poupée. Mais elle ne rencontra que le vide. Alors elle commença à gronder.

– Attention, mademoiselle Annie ! s'écria Mme Keller.

Mais l'avertissement vint trop tard. Helen se précipita. Son poing se détendit et frappa Annie Sullivan en plein sur la bouche. Helen ne pouvait pas entendre le cri de douleur que cela provoqua, mais elle sentit le mouvement de recul de l'étrangère. Elle sourit.

– Allez, donnez-lui la poupée, intervint Mme Keller. C'est le seul moyen de la calmer.

– Non, riposta Annie. Il existe un autre moyen. Il faut qu'Helen apprenne à se contrôler.

– Mais elle ignore totalement la maîtrise de soi, objecta Mme Keller. Elle ne sait pas se contrôler.

– Eh bien, c'est la première chose que je dois lui enseigner, déclara Annie Sullivan. Parce que je ne pense pas pouvoir lui apprendre quoi que ce soit d'autre avant d'y être parvenue.

Helen chargea de nouveau, mais, cette fois, Annie était sur ses gardes. Elle empoigna les bras d'Helen et les maintint énergiquement.

Helen se débattit et hurla pendant un bon moment. Puis, soudain, elle cessa toute résistance.

– Alors, ma chérie, tu en as assez ? demanda Annie. Tu es disposée à reprendre ta leçon ?

Mais c'était une ruse. Aussitôt qu'Annie l'eut lâchée, Helen s'enfuit de la chambre. Pendant toute la journée, elle refusa d'y retourner.

Cette nuit-là, Helen dormit aussi bien que d'habitude, mais Annie Sullivan ne ferma pas l'œil. Dans son lit, elle songeait à la petite. Annie n'avait passé qu'une seule journée à Tuscumbia, mais elle avait déjà compris que, dans cette maison, tout le monde avait beaucoup trop pitié d'Helen. Des années durant, on l'avait laissée agir à sa guise. Maintenant, le pli était pris : son caractère était gravement perturbé. « Il faut que cela cesse, se disait Annie. Car comment pourrais-je modeler son esprit tant qu'elle se

ANNIE SULLIVAN ~ 1887

comportera comme une bête sauvage ? Non, je dois être affectueuse, mais ferme. C'est le meilleur moyen de venir lui en aide. »

LE PIRE
DE TOUS LES COMBATS

Helen ignorait qu'Annie était venue l'aider. Tout ce qu'elle savait, c'est qu'une étrangère avait la prétention de lui faire faire des choses qu'elle ne comprenait pas, des choses qu'elle ne voulait pas faire. La petite Helen de six ans se conduisit comme elle le faisait depuis des années : en luttant. En s'enfuyant. En se cachant. En utilisant des ruses.

Un jour, elle enferma Annie dans sa chambre et dissimula la clef. Sa mère essaya d'obtenir qu'elle lui montre l'endroit où elle l'avait cachée, mais Helen lui tourna le dos… et sourit. Finalement, son père fut obligé d'atteindre la fenêtre avec une échelle et de descendre Annie comme un sac de pommes de terre.

Le plus souvent, Helen luttait avec ses poings. De jour en jour, les combats devenaient plus violents. Helen était vigoureuse, mais l'étrangère l'était encore plus. Elle pouvait se battre pendant des heures l'étrangère, quant à Helen, elle semblait infatigable !

« C'est cette force de caractère qui finira par nous sauver, écrivit un jour Annie Sullivan à l'une de ses amies. Si elle ne nous a pas tuées toutes les deux d'ici là ! »

Annie s'efforçait de garder le moral. Ce n'était pas toujours facile. Un jour, la main d'Helen frôla le visage d'Annie et en revint mouillée. Ignorant la signification des larmes, Helen fit demi-tour et s'en alla.

Et enfin se produisit le pire de tous les combats.

A table, Helen mangeait comme un cochon. Elle savait se servir de son couteau, de sa fourchette et de sa cuillère, mais préférait employer ses doigts. Elle commençait chaque repas assise sur sa chaise, mais n'y restait jamais bien longtemps. La plupart du temps, elle déambulait de place en place, piochant ce qui lui convenait dans les assiettes des autres convives.

Annie regardait avec horreur Helen enfourner dans sa bouche les aliments des diverses personnes présentes, mais elle ne disait rien tant qu'Helen ne s'approchait pas d'elle.

Et puis, un matin, Helen s'arrêta derrière le siège d'Annie. Une odeur faisait frémir ses narines. Que contenait donc l'assiette de l'étrangère ? Elle renifla à nouveau. Et elle comprit. C'était de la saucisse ! Or, Helen adorait la saucisse.

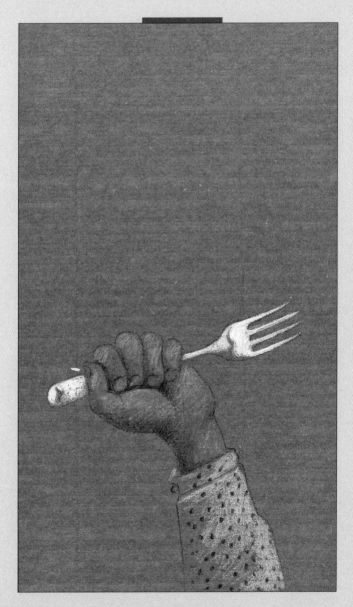

Mais oserait-elle ? Elle resta un instant immobile. Puis elle refit à tâtons le tour de la table. A chaque chaise, elle s'arrêtait et reniflait. Les saucisses de tous les autres convives étaient déjà mangées. Et elle se retrouva devant l'assiette de l'étrangère. Une fois de plus, le délicieux fumet de la saucisse vint lui chatouiller le nez. C'en était trop. La main d'Helen jaillit. Celle de l'étrangère la bloqua net !

Helen essaya de se libérer. L'étrangère tint bon. Et, un par un, elle détacha les doigt d'Helen de la saucisse.

– Oh, laissez-la-lui, pour une fois, dit M. Keller. Elle ne sait pas ce qu'elle fait.

Annie secoua négativement la tête.

– Elle doit apprendre que les autres ont également des droits, répondit-elle.

Et le combat commença. Helen se débattit, hurla, tapa du poing sur le sol. Ses parents, horrifiés de la voir dans un tel état, se levèrent de table et quittèrent précipitamment la pièce. Annie alla fermer la porte à clef, puis retourna à sa place.

Pendant un moment, elle resta assise sans bouger. Helen se roulait par terre en écumant de rage. Seulement, Helen était de plus en plus affamée. Que faisait l'étrangère ? Est-ce qu'il restait encore de la saucisse dans son assiette ? Helen finit par se relever pour en avoir le cœur net. Elle renifla : oui, il restait un peu de saucisse ! Sa main rampa vers l'assiette. Annie la repoussa. La main reprit son mouvement. Annie la repoussa une deuxième fois.

Helen perdit alors son sang-froid. Mais, ce coup-ci, elle ne hurla pas. Elle se borna à pincer de toutes ses forces le bras de l'étrangère.

Annie la gifla. Energiquement. Helen recula. Ça faisait mal ? Ce ne fut pourtant pas suffisant pour l'arrêter. Elle pinça à nouveau l'étrangère. Une fois encore, Annie gifla Helen. Pinçon-gifle. Pinçon-gifle.

– Tu te fatigueras avant moi, déclara Annie Sullivan.

Brusquement, Helen pivota sur ses talons. A tâtons, elle refit le tour de la table. Mais toutes les chaises étaient vides ! Tout le monde était parti !

Elle fonça sur la porte, tira dessus de toutes ses forces, mais la porte ne s'ouvrit pas ! Alors Helen comprit. Elle était enfermée avec l'étrangère. Tous les bras protecteurs étaient partis !

Elle recula jusqu'au mur. Elle voulait rester le plus loin possible d'Annie. Seulement, elle avait de plus en plus faim. Finalement, elle regagna sa place et se mit à manger… avec ses doigts.

Annie soupira et mit une cuillère dans la main d'Helen. Helen la garda un instant, puis la lança à toute volée à l'autre bout de la pièce. Annie extirpa Helen de son siège et la traîna à travers la pièce ramasser sa cuillère. Après quoi elle la rassit sans ménagements sur sa chaise.

– Maintenant, tu vas manger ce porridge ! Et avec cette cuillère !

Helen se débattit. Elle hurla, se tortilla comme une anguille. Mais centimètre après centimètre, Annie Sullivan fit pénétrer la cuillère dans la bouche d'Helen, et l'obligea à avaler une cuillerée du porridge. Puis une seconde. Alors, Annie commença à se détendre.

Trop tôt ! Helen se libéra, lança la cuillère sur Annie. Annie esquiva. Et tout recommença depuis le début.

Mais, cette fois-ci, Helen ne lutta pas aussi farouchement. Elle avait tellement faim et elle était si fatiguée... Lorsque Annie la lâcha, elle continua à manger jusqu'à ce que son bol soit vide et le petit déjeuner terminé.

Mais la matinée était finie aussi. Le soleil était déjà haut dans le ciel quand Annie se décida à déverrouiller la porte. Des effluves de déjeuner emplirent la maison.

Annie envoya Helen se promener dans le jardin et monta réfléchir dans sa chambre. Cela ne pouvait pas continuer très longtemps de cette façon-là. Il fallait faire quelque chose... et le faire vite. Mais quoi?

Annie se mit à arpenter sa chambre. Petit à petit, un plan commença à se dessiner dans sa tête. Mais elle devrait d'abord en parler avec la mère d'Helen. Et trouver les mots justes ne serait pas facile.

E-A-U ?

– Mme Kate, je désire emmener Helen, déclara Annie.

– Hein ? s'étrangla Mme Keller.

– Je dois lui apprendre à s'intéresser à moi, expliqua Annie. Or ici, dans cette maison, cela m'est impossible. Chaque fois que j'essaye de lui faire faire quelque chose, elle se tourne vers vous et s'éloigne de moi. De plus en plus, elle va me considérer comme une ennemie. Et, à ce moment-là, la partie sera perdue.

Mme Keller ne dit pas non, mais elle ne dit pas oui non plus.

Annie revint à la charge.

– Ce ne sera que provisoire, seulement jusqu'à ce que votre fille apprenne que je fais également partie de sa vie.

– Il y a un petit pavillon dans le jardin, non loin d'ici, murmura lentement Mme Keller, mais elle ne dit toujours pas oui.

Annie se pencha vers elle.

– Je sais que c'est un coup de dés, dit-elle doucement. Mais c'est aussi notre dernière chance.

Notre dernière chance. Pendant un moment, Mme Keller ne fit pas un geste. Puis elle inclina lentement la tête.

Helen et Annie allèrent donc s'installer dans la petite maison située au fond du jardin. Helen commença par protester en hurlant et en luttant plus farouchement que jamais. Mais, petit à petit, un changement se produisit.

Helen luttait toujours, mais moins vigoureusement. Et moins fréquemment. Parfois, il lui arrivait même de laisser

l'étrangère la tenir un moment par la main. Un beau jour, Helen ne lutta plus du tout.

« Le premier grand pas a été franchi, écrivit Annie à l'une de ses amies. Helen a appris à obéir. »

Mais Helen ignorait toujours ce qu'étaient les mots. Annie les écrivait lettre par lettre sur la main d'Helen, et celle-ci apprenait à reproduire de plus en plus de signes. A la fin du mois de mars – en moins de deux semaines – elle savait écrire vingt et un mots. Le lendemain, elle apprit à en épeler huit de plus. Mais elle en ignorait toujours le sens. Pour elle, il s'agissait seulement d'un jeu auquel on jouait avec ses doigts.

Le 5 avril 1887 débuta comme tous les autres jours. Après le petit déjeuner, Annie commença à écrire dans la main d'Helen. Mais, ce matin-là, Helen ne tenait pas en place. La fenêtre était grande ouverte, et des effluves de printemps embaumaient la pièce. Et puis Helen commençait à se lasser sérieusement de ce jeu qui ne rimait à rien !

Elle tira sur la jupe d'Annie en montrant la fenêtre. Le sens était parfaitement clair : sortons !

Au début, Annie essaya de continuer la leçon, mais le visage d'Helen se renfrogna et elle serra les poings. Brusquement, elle saisit sa nouvelle poupée et la jeta de toutes ses forces. La poupée se brisa en mille morceaux. Ce qui ne l'affligea nullement. De toute manière, elle n'aimait pas cette poupée. Elle sentit que l'étrangère ramassait les débris. Après quoi, l'étrangère lui tendit son chapeau. Si bien qu'Helen comprit que, en fin de compte, elles allaient sortir. Elle gambada et dansa autour de l'étrangère. Finies, les leçons ! Elle allait enfin en faire à sa tête !

Mais n'en faisait-elle vraiment qu'à sa tête ?

Helen et Annie se promenèrent un moment dans le jardin. Puis elles se dirigèrent vers une vieille buanderie. Helen aimait bien jouer dans la fraîcheur humide qui y régnait. Elle y courut.

La cabane possédait une pompe. Annie Sullivan en manœuvra le levier, et un filet d'eau s'écoula bientôt du tuyau. Elle prit alors la main d'Helen, la plaça sous le jet frais. Et elle écrivit E-A-U dans la paume ruisselante d'Helen.

Helen commença par se débattre. Puis elle s'arrêta brusquement. Son visage parut s'illuminer. Annie vit son expression et se dépêcha d'écrire E-A-U. E-A-U !

E-A-... Helen entreprit de l'imiter et, à chacun de ses gestes, son visage s'éclairait davantage. Elle comprenait ! Les signes que l'étrangère traçait avec ses doigts avaient bel et bien un sens ! Tout avait un nom ! Partout, dans le monde entier, chaque chose avait un nom ! Et elle les apprendrait tous !

– Mais oui, Helen, murmura Annie. C'est ça !

Et elle se baissa pour serrer dans ses bras la petite fille tremblante.

Mais Helen se libéra. Ce n'était pas le moment de perdre son temps avec des simagrées ! Elle se laissa tomber à quatre pattes et frappa le sol avec ses poings. Dis-moi son nom ! exigeait-elle. Et Annie, riant et pleurant à la fois, s'exécuta.

Helen fit une pause. Elle traça le mot avec ses doigts et hocha la tête. Puis elle revint à la charge. En l'espace de quelques minutes, elle apprit six mots nouveaux. Et elle savait ce qu'ils signifiaient !

Puis, soudain, Helen s'immobilisa. Et elle se mit à se taper sur la tête. Annie éclata de rire.

– Oui, ma chérie, dit-elle. Il existe également un mot pour te désigner.

Elle se pencha et écrivit H-E-L-E-N dans la main de la petite fille.

Helen avait enfin un nom !

Elle tendit la main et tapota le bras d'Annie. Celle-ci commença par croire qu'elle lui disait simplement merci. Mais Helen voulait autre chose. Elle tapota à nouveau le bras d'Annie.

– Ah bon, dit Annie. Alors, tu veux aussi savoir qui je suis ?

Et Annie écrivit M-A-I-T-R-E-S-S-E dans la main tendue d'Helen.

Quelques minutes plus tard, deux êtres nouveaux sortirent de la buanderie. La petite sauvageonne avait disparu. Ainsi que l'étrangère. Maintenant, c'était Helen Keller et Maîtresse qui marchaient main dans la main.

Tant de choses à apprendre

Helen voulut savoir le nom de chacun des objets qu'elle touchait. Et Maîtresse le lui révéla. Avant la fin de la première journée, Helen apprit à écrire trente mots. Et avant la fin du mois, elle savait en épeler cent.

Du matin au soir, du lever au coucher, Helen écrivait les mots qu'elle connaissait. Elle les traçait jusqu'à ce que ses yeux se ferment et que ses doigts épuisés ne parviennent plus à former les lettres.

– Franchement, il serait préférable de

la freiner, déclara une amie inquiète. Sinon, elle va s'abîmer la cervelle.

Maîtresse se contenta de sourire. Elle savait que, dorénavant, rien ne pourrait plus arrêter Helen.

Au milieu du mois de juin, Helen savait plus de quatre cents mots. Mais il y en avait un, très important, qu'elle ignorait. Helen avait maintenant sept ans, mais, pendant plus de cinq de ces sept années, elle avait été aveugle et sourde. Durant ces cinq années, elle avait oublié comment rire.

Un jour, Maîtresse fit irruption dans la chambre d'Helen en riant aux éclats. Elle saisit la main d'Helen et la posa sur ses lèvres retroussées. Et elle écrivit R-I-R-E dans la paume d'Helen.

Maîtresse souleva Helen et la fit tournoyer. Elles sautèrent, gambadèrent, dansèrent d'un bout à l'autre de la pièce. Helen ne le savait pas, mais Maîtresse lui faisait manifester les signes de la joie. Et, pendant tout ce temps-là, elle écrivait sans cesse R-I-R-E.

Et puis Maîtresse se mit à la chatouiller. Soudain, Helen sourit. Son sourire s'élargit. Un gloussement s'échappa de ses lèvres. Et finalement, bruyamment, elle éclata de rire.

Le père et la mère d'Helen avaient entendu les bruits provenant de la chambre de leur fille, et ils étaient venus à la porte voir ce qui se passait. Mme Keller posa la tête sur l'épaule de son mari.

– Oh, Arthur, murmura-t-elle. Helen rit. Jamais je n'aurais cru que j'entendrais à nouveau cela.

Helen fut bientôt prête à franchir le pas suivant. Maîtresse décréta qu'il était temps qu'elle apprenne à lire. Elle sortit de ses affaires un grand carton sur lequel figuraient les vingt-six lettres de l'alphabet. Chaque lettre était imprimée en relief, ce qui permettait de la reconnaître au toucher. C'était ainsi que les aveugles devaient apprendre à lire : avec leurs doigts.

Maîtresse prit l'une des mains d'Helen et la posa sur le A saillant. En même temps, elle traça dans son autre main le signe représentant la lettre A. Helen commença par froncer les sourcils et parut déroutée. Elle comprenait ce qui se passait dans l'une de ses mains, mais non ce qui se passait dans l'autre.

Maîtresse n'essaya pas de le lui expliquer. Elle se borna à déplacer le doigt d'Helen jusqu'à la deuxième lettre du carton. Et, en même temps, elle traça un B dans l'autre main.

Helen ne comprenait toujours pas. Mais, cette fois, elle posa elle-même son doigt sur le relief suivant du carton. C, traça aussitôt Maîtresse.

Helen continua tandis que Maîtresse accompagnait scrupuleusement ses efforts. Et soudain, entre une lettre et la suivante, Helen s'arrêta pile et se mit à

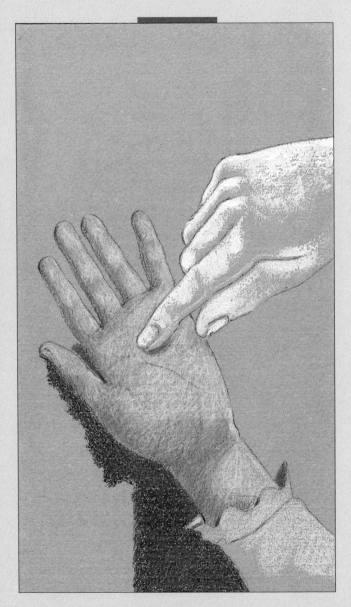

sourire. Tout d'un coup, elle avait compris.

Avant la fin de la journée, Helen avait appris toutes les lettres de l'alphabet. Elle était prête à aborder les mots. Ce soir-là, une Annie Sullivan épuisée mais heureuse s'assit à son bureau et écrivit une lettre :

« Quelque chose me dit que je suis en train de réussir au-delà de mes plus folles espérances. »

Helen et Maîtresse ne passaient pas tout leur temps penchées sur des pages de lettres et des cartes illustrées.

Un lapin aux longues oreilles fronçait son nez… une bestiole au ventre mou rampait dans le creux de sa main… l'odeur du raisin sauvage… et son goût doux-amer. Il y avait tant d'autres leçons à apprendre dans la nature : les choses de la vie.

Helen planta une graine dans de la terre fraîchement retournée ; quelques jours plus tard, elle sentit pousser une plante à cet endroit-là. Elle apprit les noms des différents arbres qui poussaient sur les terres de son père... et comment les distinguer au toucher.

Par une chaude journée, Helen et Maîtresse rentraient de promenade. Elles s'arrêtèrent à l'ombre pour se reposer.

– Tu aimerais grimper dans cet arbre ? s'enquit Maîtresse.

Helen acquiesça de la tête. Alors, Maîtresse l'aida à se jucher sur une branche. Puis elle eut une autre idée.

– Il fait bon, ici, écrivit-elle dans la main d'Helen. Si on déjeunait dans l'arbre ? Je vais retourner à la maison préparer des sandwiches. Tu m'attendras ici.

Helen acquiesça avec enthousiasme. Elle trouvait très drôle d'attendre perchée sur une branche. Mais, brusquement, le temps changea. L'air fraîchit. Toute la chaleur sembla se volatiliser. Helen fronça les sourcils et se dit que le soleil avait dû se cacher derrière un nuage. Et qu'est-ce que c'était que cette odeur bizarre qui s'élevait du sol ? Helen renifla énergiquement et comprit. C'était celle qui annonçait invariablement l'arrivée d'une véritable tempête.

Le vent se mit à souffler. Helen perçut un grondement sourd. C'était le tonnerre, mais, pour elle, ce fut comme si un géant laissait tomber une masse de pierre. Et cela se rapprochait de minute en minute.

Maîtresse ? Maîtresse ? Maîtresse ? pianotèrent frénétiquement les doigts d'Helen. Mais le vent n'en souffla que plus fort, et personne ne vint.

Une branche se brisa au-dessus de sa tête. Des brindilles tombèrent tout autour d'elle. « Saute ! » se dit-elle. Mais qu'est-ce qui allait se passer si elle se jetait dans le vide ? Est-ce qu'elle s'envolerait dans l'espace ? Est-ce qu'elle s'écraserait au sol ?

Helen décida de se cramponner. Mais ses doigts glissaient ? Elle ne tiendrait plus très longtemps ! C'est à ce moment-là qu'Helen éprouva la plus merveilleuse sensation du monde : les bras de Maîtresse la descendaient de l'arbre.

Un jour, Maîtresse déposa un œuf dans la main d'Helen.

– Tiens-le bien, écrivit-elle.

Helen fut intriguée. Elle savait depuis longtemps ce que c'était qu'un œuf : elle en mangeait deux chaque matin pour son petit déjeuner. Qu'est-ce que celui-là avait de particulier ?

– Attends et fais attention, écrivit Maîtresse.

La première chose qu'Helen remarqua fut que l'œuf était anormalement chaud. Puis il commença à faire des choses très étranges. Il se mit à trembler, à tressaillir dans sa main ! Et elle sentit qu'il se passait quelque chose à l'intérieur de la coquille. Il y avait quelqu'un là-dedans. Quelqu'un de vivant. Et qui essayait de sortir !

Un O de stupeur muette arrondit la bouche d'Helen lorsque la coquille commença à se fendiller. Quelques minutes plus tard, un petit poussin était né dans le creux de sa main.

Mais comment s'y prendre pour les choses qu'Helen ne pouvait pas tenir dans le creux de sa main ? Celles qui étaient trop volumineuses ? Ou trop lointaines ? Ou qui s'étaient produites longtemps auparavant ? Comment pourrait-elle apprendre à les connaître ? Helen devait faire appel à d'autres personnes pour lui décrire les couleurs qu'elle ne verrait jamais et les sons qu'elle n'entendrait jamais.

Et que faire pour les idées – les pensées – qui n'avaient aucune forme matérielle ? Helen se rappela toute sa vie la première fois qu'elle comprit une idée.

Un jour, Maîtresse lui posa une question particulièrement difficile. Helen s'efforça de trouver la réponse et la chercha de toutes ses forces.

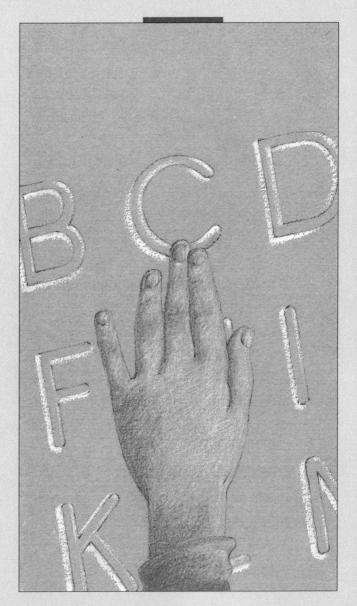

Maîtresse se pencha vers elle et lui tapota le front en épelant en même temps le mot P-E-N-S-E-R. Et, brusquement, Helen comprit. C'était ça qui se produisait dans sa tête. Elle pensait!

Elle apprit des tas de choses difficiles au cours de ce premier été, mais elle ne se rendait pas compte à quel point elles étaient difficiles. Pour la petite Helen Keller de sept ans, ce fut seulement une époque magique, une époque où le monde se matérialisait dans le creux de sa main.

ALLER DE L'AVANT

Helen le sentit dès son réveil : quelque chose de sensationnel se préparait. C'était une belle journée d'automne, mais elle comprit que ce n'était pas de cela qu'il s'agissait. Puis la mémoire lui revint : le cirque était arrivé à Tuscumbia, et Maîtresse allait l'y conduire !

Le nez d'Helen commença à frétiller avant même qu'elles ne parviennent à l'emplacement du cirque. Saucisses chaudes, pâtés de viande, oignons frits, citronnade, café, berlingots... Quelles délectables odeurs provenaient de cet

endroit ! Helen se suspendit à la main de Maîtresse. Cela signifiait : dépêchons-nous !

Les gens du cirque apprirent vite qu'une petite fille sourde et aveugle venait assister à leur spectacle, et ils mirent un point d'honneur à ce qu'elle en retire le plus de plaisir possible. Ils eurent l'idée de faire d'Helen un élément du spectacle !

Elle s'assit sur les genoux d'une dame appelée « La Princesse orientale » et fit le tour de la piste sur un chariot couvert de fleurs. Elle caressa les robes pailletées des jolies danseuses et fit courir ses mains sur les drôles de visages des clowns.

Mais le plus merveilleux, ce fut la ménagerie. Une fois le spectacle terminé, les gens du cirque conduisirent Helen à l'endroit où les bêtes vivaient dans leurs cages.

– Est-ce qu'elle a peur des animaux ? s'enquit l'un des forains.

– Non, répondit Maîtresse. Helen adore toucher tout ce qui bouge.

Les animaux parurent sentir qu'Helen était différente des autres enfants. Ils furent spécialement doux avec elle.

Helen caressa un lion. Elle serra la patte d'un ours. Elle offrit des cacahouètes à un éléphant et demanda pourquoi il avait un si grand nez. Un léopard lui lécha la main de sa langue rugueuse. Un homme la souleva pour lui faire toucher les oreilles d'une girafe. Un serpent s'enroula autour de son bras. Elle joua avec les singes, et les singes jouèrent avec elle ! L'un des singes lui déroba même le ruban qui retenait ses cheveux, et un autre essaya d'arracher les fleurs qui ornaient son chapeau. Helen rit tellement qu'elle faillit s'étrangler.

– Je ne sais pas qui s'est le plus amusé, déclara par la suite le gardien de la ménagerie, Helen ou mes singes.

Puis vint le mois de décembre.

– Tu sais ce qui se passe ce mois-ci ? écrivit Maîtresse.

Helen secoua négativement la tête.

– Noël !

Mais le visage d'Helen resta de bois. Elle avait sept ans, mais, jusqu'à présent, Noël n'avait jamais rien signifié pour elle. Alors tout était nouveau. Maîtresse lui écrivit dans la main des contes de Noël, ainsi que des paroles de vieilles chansons. Elle lui apprit à jouer aux jeux de Noël. Helen aida sa mère à préparer des monceaux de biscuits de Noël, de sucreries et de gâteaux et elle empaqueta des présents pour tous les habitants de la ferme.

Ce fut enfin la nuit de Noël. Helen était tellement excitée qu'elle refusa d'aller se coucher.

– Il faut dormir, écrivit Maîtresse. Sinon, le Père Noël ne viendra pas.

Helen finit par se mettre au lit, et le matin, en se réveillant, elle comprit que le grand jour était arrivé.

– Joyeux Noël ! écrivit-elle dans la main de Maîtresse. Debout !

Maîtresse bâilla et se frotta les yeux.

– Helen Keller, est-ce que tu sais l'heure qu'il est ? Le jour n'est même pas levé !

Mais, évidemment, cela importait peu à Helen. La nuit était son univers habituel.

Quel merveilleux Noël ce fut ! Helen découvrit des surprises partout : sur la table, sur les fauteuils, sous le sapin de Noël qui avait été dressé au rez-de-chaussée.

– Je ne pouvais pratiquement pas faire un pas, écrivit-elle par la suite, sans tomber sur un cadeau de Noël enveloppé de papier de soie.

Lorsque Maîtresse lui offrit un serin vivant dans une cage, Helen eut l'impression qu'elle allait exploser de joie.

Mme Keller regardait sa fille jouer gaiement. Ses yeux étaient pleins de larmes, lorsqu'elle se tourna vers la maîtresse.

– Mademoiselle Annie, dit la mère d'Helen, je remercie chaque jour le Bon

Dieu de vous avoir envoyée chez nous, mais, jusqu'à ce matin, je ne réalisais pas à quel point vous avez été une bénédiction.

Un matin du printemps 1888, Maîtresse reçut une lettre importante. L'expéditeur était M. Michael Anagnos, le directeur de l'Institut Perkins. Enfant, c'est là qu'Annie Sullivan avait fait ses études, et c'est là qu'elle avait appris comment aider Helen. Maintenant, M. Anagnos les invitait toutes les deux à venir visiter son école.

En lisant cette lettre, Maîtresse fronça les sourcils. C'était probablement une bonne idée. Chaque jour, Helen posait des questions de plus en plus difficiles. Un maître unique ne pourrait pas toujours y répondre. Helen aurait bientôt besoin de plusieurs professeurs. Mais était-elle prête à affronter le monde ? Après tout, il n'y avait qu'un an qu'Helen avait découvert l'existence d'un univers extérieur. Est-ce que certaines personnes n'auraient pas tendance à la considérer comme trop différente ? Est-ce qu'on ne risquait pas d'avoir trop pitié d'elle ?

Maîtresse passa en revue tout ce qu'Helen avait appris. Elle savait maintenant parler avec ses doigts et écouter avec la paume de sa main. Elle connaissait autant de mots que n'importe quel enfant de huit ans. Elle pouvait lire des livres imprimés en relief. Elle savait écrire avec un crayon. Elle était même en train d'apprendre à lire et à écrire en braille, l'alphabet des aveugles composé de points saillants.

Et il y avait aussi des choses qu'Helen faisait mieux que les autres enfants. En posant sa main sur le cou d'un chien, elle distinguait un aboiement de bienvenue d'un grondement de menace. Elle savait, à l'odeur de papier et d'encre, si elle se trouvait dans une pièce contenant des livres. Elle pouvait reconnaître les gens au toucher. Helen disait que certaines personnes avaient « le bout des doigts gelé » et n'aimait pas les toucher. D'autres, au contraire, avaient « des mains qui réchauffent le cœur ».

Oui, décida finalement Maîtresse, leur première année de découverte était achevée. Le moment était maintenant venu de continuer son chemin.

« JE NE SUIS PLUS MUETTE ? »

Maîtresse décida d'emmener Helen passer l'été dans le Nord. Helen se rappela ce voyage durant toute sa vie. Elles commencèrent par se rendre à l'Institut Perkins, à Boston, dans le Massachusetts, où elles restèrent un mois. Les professeurs de Perkins accueillirent Helen comme une célébrité. Elle ne comprit pas très bien pourquoi, mais n'en fut pas moins enchantée. Tous les jours, elle était ravie de passer des heures à jouer avec les garçons et les filles de l'Institut. Mais ce qui l'enthousiasma le plus, ce furent les livres.

L'Institut Perkins était une école destinée aux aveugles, donc tous les livres étaient écrits en braille ou imprimés en relief. Quel enchantement ! Des rangées et des rangées d'ouvrages qu'elle pouvait lire toute seule !

Helen savait déjà que les livres allaient jouer dans sa vie un rôle très important.

– Ils me racontent tant de choses intéressantes sur tout ce que je ne vois pas, disait-elle. Et, contrairement aux gens, ils ne sont jamais fatigués ou contrariés.

Mais Helen ne passait pas tout son temps à lire. Il y avait beaucoup d'autres choses à faire. Quand Maîtresse l'emmena au théâtre, Helen ne vit rien et n'entendit rien de ce qui se passait sur la scène, mais Maîtresse lui écrivit tout dans le creux de la main. Pour la première fois de sa vie, elle prit un bateau à vapeur. Le petit navire était plein de vie et de mouvements, et le grondement de la machinerie sous ses pieds lui rappela celui du tonnerre.

Un jour, Maîtresse l'emmena à la ville voisine de Plymouth, et Helen grimpa sur Plymouth Rock où, trois cents ans auparavant, lui dit-on, les premiers Pèlerins avaient débarqué en Amérique.

Lorsque l'Institut Perkins ferma ses portes pour les vacances, Maîtresse emmena Helen chez une de ses amies qui vivait au bord de la mer. Helen fut ravie de jouer sur le sable doux et chaud. Elle adora s'asseoir sur les rochers et sentir les vagues lui lécher les pieds, elle fut bientôt toute bronzée.

Puis le temps se rafraîchit. Avec l'automne, le moment était venu de regagner la maison. Helen était très impatiente à l'idée de retrouver son père et sa mère ; elle avait tellement de choses à leur raconter sur ce premier voyage dans le monde extérieur.

« A ce moment-là, je m'investissais complètement en toute chose », écrivit Helen par la suite.

83

Un jour, peu après leur retour à Tuscumbia, Maîtresse écrivit :

– Viens t'asseoir près de moi. J'ai un nouveau livre à te lire. Ça s'appelle *Le Petit Lord Fauntleroy*, et je crois que ça te plaira beaucoup.

Helen vint se blottir à côté de Maîtresse, elle tendit sa main, et Maîtresse se mit à lire. Quelle histoire passionnante ! Au début, Maîtresse essaya de s'arrêter pour expliquer certains mots difficiles, mais Helen n'avait qu'une envie : continuer, continuer ! Maîtresse forma des lettres pendant très longtemps, puis commença à ralentir. Finalement, elle s'arrêta.

– Encore un peu, supplia Helen.

Maîtresse refusa.

– Mes doigts sont fatigués, écrivit-elle. Il faut que je les repose un moment.

Elle renversa alors la tête en arrière et ferma les yeux.

Helen hocha la tête. Elle savait que Maîtresse n'avait pas réellement les doigts fatigués. Ce qui était fatigué, c'était ses yeux. Car, autrefois, Maîtresse avait été aveugle, elle aussi, presque aussi aveugle qu'Helen. Elle avait subi des opérations aux yeux et, maintenant, elle voyait un peu, mais ses yeux restaient toujours très fragiles. Il lui arrivait souvent d'avoir des migraines terribles. Et, la plupart du temps, elle était obligée de porter des lunettes noires pour se protéger de l'éclat trop vif du soleil.

Aussi Helen s'efforça-t-elle d'être patiente. Elle resta aussi immobile que possible et attendit un temps qui lui parut très long. Mais elle avait tellement envie de savoir la suite ! Aussi finit-elle par tendre la main.

– Maîtresse ? écrivit-elle doucement.

Les doigts de Maîtresse se refermèrent sur les siens, mais ne répondirent pas. Helen soupira. Maîtresse était profondément endormie. Soudain, Helen se sentit seule. Terriblement seule.

Elle tendit le bras et passa la main sur les pages du livre resté ouvert sur les genoux de Maîtresse. Il y avait des mots, sur ces pages, mais ils n'étaient pas pour elle. Ils n'étaient jamais pour elle ! Oh, pourquoi fallait-il qu'elle soit tellement différente ?

A ce moment-là, pendant ce court instant d'amertume, l'embryon d'une idée germa dans son esprit. Elle comprit qu'elle ne verrait jamais, qu'elle n'entendrait jamais, mais qu'il existait peut-être une chose qu'elle serait capable de faire comme tout le monde. Et, au fil des jours, Helen commença à poser des questions. « Comment font les filles aveugles pour savoir quoi dire avec leur bouche ? Est-ce que les enfants sourds apprennent parfois à parler ? »

Et, un beau jour, l'idée d'Helen jaillit.

– Maîtresse, je veux parler comme tout le monde. Apprenez-moi à parler avec ma bouche !

Maîtresse commença par répondre non. Elle estimait que c'était un rêve irréalisable.

– Les enfants aveugles entendent, écrivit-elle lentement. Les petits garçons et les petites filles qui sont sourds voient remuer les lèvres des gens.

Mais Helen était de plus en plus insatisfaite de parler avec ses mains. La plupart de ceux auxquels elle s'adressait ne comprenaient pas ce mode d'expression. D'autre part, son cerveau s'était tellement développé et ses pensées se succédaient à une telle cadence que ses doigts n'arrivaient plus à suivre.

Helen avait maintenant neuf ans. Souvent, elle formait ses lettres tellement vite qu'il fallait lui dire : « Doucement. Tes doigts se mélangent. Tu vas être obligée de répéter. »

Et, pendant ce temps-là, les idées continuaient à s'entasser dans sa tête.

Aussi refusa-t-elle de considérer que

non était une réponse valable. On trouve-rait sûrement une solution… un procédé quelconque. Finalement, Maîtresse céda.

– Mais je n'ai pas les compétences nécessaires pour te former moi-même, écrivit-elle dans la main d'Helen. Il va fal-loir qu'on trouve une personne qualifiée.

C'est ainsi que Maîtresse ramena Helen dans le Massachusetts, à Boston. Là, à l'Ecole Horace-Mann, Mlle Sarah Fuller entreprit d'apprendre à Helen à parler avec sa bouche.

Helen posa sa main sur le visage de Mlle Fuller. Elle toucha ses lèvres et sa langue et sentit comment vibrait la gorge lorsque celle-ci émettait simplement le son A.

Puis vint le tour d'Helen. Ses mains se posèrent sur son propre visage. Elle essaya de placer ses lèvres et sa langue dans la même position. Elle s'efforça de faire vibrer sa gorge de façon à former le même son A.

– C'est bien, Helen, écrivit Mlle Fuller.

Helen fut très fière, elle avait fait son premier pas.

Mais ce n'était encore qu'un tout petit pas de bébé. Vingt fois, cent fois, Helen apprenait à émettre un son et l'oubliait aussitôt. Elle n'avait plus alors qu'à repartir de zéro.

Encore, encore, encore ! Helen recommençait jusqu'à avoir la bouche enflée et la gorge en feu. Et, malgré cela, tant de sons lui échappaient !

« C'est trop difficile, se disait-elle alors. Je n'y arriverai jamais. »

Elle refusait pourtant de capituler. Petit à petit, les résultats s'améliorèrent, jusqu'au jour où Helen ouvrit la bouche et bredouilla :

– Jjjje nnnne sssuuuiis pppluuus mmmuuuetttte ?

Je ne suis plus muette. Cinq mots hachés, dont deux chuchotés et trois rugis. Toute sa vie durant, elle serait obli-

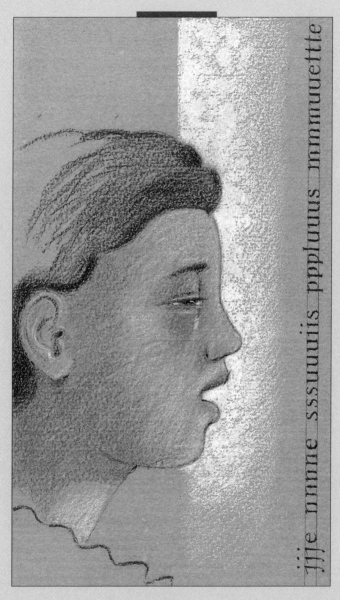

jjje nnnne sssuuuiis pppluuus mmmuuette

90

gée de s'entraîner, et jamais elle ne parviendrait à s'exprimer harmonieusement. Mais un miracle ne s'en était pas moins produit : Helen Keller avait appris à parler avec sa bouche.

Le collège

La notoriété d'Helen croissait de jour en jour, des journalistes lui consacraient des articles. Un chantier naval du Maine donna son nom à l'un de ses navires. Un peu partout, des personnalités importantes devenaient ses amies. A douze ans, la jeune Helen fut même conviée à la Maison-Blanche pour y rencontrer le président des États-Unis.

La plupart du temps, Helen ne fréquentait pas des gens aussi haut placés. Le plus souvent, elle avait des activités beaucoup plus modestes... qui lui plaisaient tout autant.

Lorsqu'elle était chez elle, à Tuscumbia, elle montait sa jument, Black Beauty, ou elle promenait ses chiens dans les bois dont l'odeur la ravissait. Et elle passait chaque jour plusieurs heures avec sa mère.

Un ami lui fit cadeau d'une bicyclette spéciale, appelée tandem, qui était conçue pour deux cyclistes. Tandis qu'Helen, sur la selle arrière, pédalait vigoureusement, quelqu'un d'autre, à l'avant, tenait le guidon.

Un été, Helen apprit à nager. Elle trouva même le moyen de se baigner toute seule en nouant l'une des extrémités d'une corde autour de sa taille et l'autre à un rocher ou à un arbre. Cela lui permettait de nager sans danger et, quand elle était fatiguée, de suivre la corde jusqu'au rivage. Elle apprit également à canoter par ses propres moyens. En ramant, elle se repérait aux odeurs des plantes et des buissons poussant sur la berge.

Helen et Maîtresse passaient habituellement les mois d'été à la maison, à Tuscumbia, et consacraient la plupart des mois d'hiver aux études, à Boston, ou à rendre visite à des amis dans la campagne environnante.

Helen adorait se promener dans le froid hivernal, sentir l'air piquant lui pincer les joues, et dévaler les pentes enneigées des collines à l'arrière d'une luge. Elle aidait ses amis à construire des bonshommes de neige et prenait plaisir à sentir fondre dans ses mains les flocons dont Maîtresse lui décrivait les différentes formes.

Helen et Maîtresse passaient les soirées au coin du feu, à faire rôtir des pommes ou griller du pop-corn, ou à jouer tranquillement. Il leur arrivait de jouer aux cartes, avec, pour Helen, des cartes spéciales, évidemment, dont chacune portait un motif différent de points en relief, ce qui lui permettait de la reconnaître. Ou bien elles jouaient aux dames : les pions noirs étaient plats, les pions blancs étaient bombés.

Les soirées les plus agréables étaient celles où des amis venaient les voir. Maîtresse écrivait dans la main d'Helen tout ce qui se disait, mais il arrivait quelquefois que la conversation l'absorbe tellement qu'elle oubliait de la transcrire. Dans ces cas-là, Helen donnait de la voix en demandant bruyamment : « Qu'est-ce qui se passe ? » car elle détestait être tenue à l'écart de quoi que ce soit.

Mais Helen avait de moins en moins de temps à consacrer aux promenades dans la neige et aux paisibles soirées devant la cheminée. Maintenant, elle avait un nouveau but dans l'existence. Un beau jour, alors qu'elle avait douze ans, elle décréta :

– Je veux aller au collège quand je serai grande. Et le collège où je veux m'inscrire, c'est Harvard.

Maîtresse fut tentée de refuser. Au col-

lège, Helen serait confrontée à des étudiants capables de lire leurs manuels et d'écouter les cours de leurs professeurs. Helen était très, très intelligente, mais comment pourrait-elle y parvenir malgré ses talents?

Par ailleurs, Maîtresse estima qu'Helen avait le droit de tenter sa chance. Aussi sa seule objection fut-elle: « Pas Harvard, Helen. C'est un collège de garçons. »

Et elles se mirent au travail. Latin, grec, allemand, français, géographie, zoologie, histoire, biologie, mathématiques... Il y avait tant de choses à apprendre avant qu'Helen puisse seulement tenter d'entrer au collège.

Parfois, elle étudiait avec d'autres professeurs. Parfois, Maîtresse et elle restaient à la maison et travaillaient seules. Dans un cas comme dans l'autre, Helen consacrait chaque jour de nombreuses heures à l'étude. Six années laborieuses s'écoulèrent ainsi. Et, finalement, Helen fut prête.

C'est alors qu'elle fit une découverte bouleversante : si Helen Keller était prête pour le collège, le collège, lui, n'était pas prêt à recevoir Helen Keller.

Elle désirait entrer à Radcliffe, un collège de jeunes filles très réputé, mais le président de Radcliffe refusa, estimant qu'elle poserait trop de problèmes.

– Vous vous êtes donné beaucoup de mal, lui dit-il, mais vous ne serez sûrement pas capable de vous maintenir au niveau de nos étudiantes.

Helen fut furieuse d'être traitée de cette façon. Elle s'assit à sa table et rédigea une lettre.

– Vous devez au moins me laisser tenter ma chance, écrivit-elle au président de Radcliffe, car un véritable combattant n'admet la défaite qu'après la bataille.

Il faut croire que le caractère d'Helen impressionna le président de Radcliffe, car il changea d'avis. A l'automne 1900, Helen Keller fit son entrée au collège de Radcliffe.

Elle avait travaillé dur pour en arriver là. Elle travailla deux fois plus dur pour y rester. Pendant les classes, Maîtresse était en permanence assise à côté d'Helen et lui traduisait dans la main ce que disait le professeur. Mais il arrivait que ses doigts ne parviennent pas à suivre la parole du maître et, dans ces cas-là, Helen ratait une partie du cours.

Comme elle n'avait pas le temps de prendre des notes, elle devait tout savoir par cœur, et, quand elle répondait à une interrogation écrite, elle n'avait pas la possibilité de se relire ; il fallait qu'elle fournisse du premier coup la réponse exacte à toutes les questions posées.

Et puis il y avait tellement de livres à lire ! Helen absorba des ouvrages en braille ou en relief à s'en faire saigner le bout des doigts mais, la plupart des livres ne com-

101

portant pas d'édition spéciale pour aveugles, Maîtresse devait les lui lire.

Pauvre Maîtresse! Ses mauvais yeux devinrent de plus en plus rouges et douloureux et, comme elle n'avait plus jamais le temps de les reposer, elle en perdit presque la vue. Mais Maîtresse aussi était obstinée : elle se contenta donc de regarder les livres de plus près et continua à lire.

Ensemble, elles gagnèrent la bataille! A l'automne 1904, Helen Keller fit partie d'un groupe de quatre-vingt-seize jeunes filles auxquelles on glissa un rouleau de papier dans la main. C'était un diplôme. Helen Keller était diplômée – avec mention – du collège de Radcliffe. Elle était la « sourde-aveugle » la plus instruite du monde.

LES ANNÉES ACTIVES

Helen avait eu beaucoup de chance, et elle en était pleinement consciente.

– Ma vie est très riche dans deux domaines, disait-elle. Les amis et les livres.

Mais qu'en était-il pour les autres sourds-aveugles, moins chanceux ? Helen apprit que beaucoup d'entre eux menaient une existence solitaire, sans famille et presque sans amis, la plupart étant trop pauvres pour faire des études.

Trop souvent, les aveugles n'apprenaient jamais à lire avec leurs mains et on n'apprenait pas non plus aux sourds à parler avec leur bouche. Leurs journées étaient longues et monotones.

– Et la vie n'est qu'une suite de journées, disait Helen Keller.

Helen avait maintenant vingt-quatre ans. Il lui restait beaucoup d'années à vivre, et elle tenait à en faire quelque chose d'utile. Elle décida qu'elle serait écrivain, qu'elle publierait des livres sur les aveugles et les sourds.

Mais elle ne tarda pas à s'apercevoir que la plupart des lecteurs désiraient seulement qu'elle parle d'elle-même. Apprendre à sauver de la cécité les yeux d'un enfant ou créer un nouveau type d'école pour les sourds ne les intéressait pas.

Elle continua à écrire, mais elle découvrit un autre moyen de se rendre utile : elle allait donner des conférences. Maîtresse et elle se rendraient de ville en ville, d'un bout à l'autre du pays, et feraient des conférences sur les difficultés des aveugles et des sourds.

Maîtresse montait la première sur l'estrade et parlait des premières années qu'elles avaient passées ensemble. Après quoi Helen, de sa voix rocailleuse, expliquait à l'assistance ce que c'est que d'être sourd et aveugle.

Sur les sourds, Helen Keller disait :

« Ils sont environnés de silence, un silence que ne rompt jamais un mot, ni une chanson, ni un souffle de brise. »

Des aveugles, qu'Helen considérait comme les êtres les plus solitaires du monde, elle disait :

« Ils regardent la nuit, et rien d'autre que la nuit ne leur retourne leur regard. »

Helen donnait également des conseils.

« Moi qui suis aveugle, je ne peux vous donner qu'un seul conseil, à vous qui voyez : servez-vous de vos yeux comme si vous deviez vous réveiller aveugles demain. Faites-en autant pour tous vos autres sens. Écoutez le chant d'un oiseau comme si c'était le dernier que vous entendiez avant de devenir sourds. Touchez tout ce qui vous entoure comme si, demain, vous ne pouviez plus rien toucher. Sentez les fleurs, savourez chaque bouchée de nourriture comme si vous alliez perdre à tout jamais l'odorat et le goût. »

Helen terminait sa conférence en répondant aux questions de ses auditeurs. Certaines de ces questions étaient sensées. D'autres étaient vraiment stupides.

– Est-ce que vous pouvez distinguer les couleurs ? lui demandait-on très souvent.

– Il m'arrive d'avoir des idées noires et, parfois, de voir rouge, répondait-elle invariablement.

– Est-ce que vous dormez les yeux ouverts ?

– Je m'endors toujours trop vite pour avoir le temps de vérifier !

Les années de travail s'écoulaient. Et, pendant ce temps-là, le professeur d'Helen Keller devenait une vieille dame. Un jour, celle-ci dit à Helen :

– Je suis désolée, ma chérie, mais je ne pourrai plus t'accompagner dans tes déplacements.

Puis Maîtresse tomba malade et dut passer le plus clair de son temps dans son lit.

– Il faut absolument vous rétablir, lui dit une de ses amies. Helen ne peut rien faire sans vous.

Maîtresse fronça les sourcils.

– Dans ce cas, j'aurai échoué, répondit-elle.

Elle avait consacré toute sa vie à faire d'Helen Keller quelqu'un d'indépendant, même vis-à-vis d'elle.

Annie Sullivan mourut le 19 octobre 1936. Au cours de son existence, Helen avait éprouvé d'autres chagrins, mais aucun qui fût comparable à celui-là. Ses

pensées la ramenèrent à plus de cinquante ans en arrière, au jour où une toute jeune Annie était venue transformer une bête sauvage en petite fille.

« Ce fut le jour le plus important de ma vie, répétait souvent Helen. Celui de l'éclosion de mon âme... le jour de l'arrivée de mon professeur. »

Et maintenant, Maîtresse était morte !

« Tout un pan de mon cœur vient également de mourir » dit Helen.

Comment pourrait-elle continuer à vivre sans la présence de Maîtresse à ses côtés ?

Il restait pourtant tant de choses à faire. Avec l'assistance d'une femme admirable, nommée Polly Thomson, Helen poursuivit ses conférences. Elle parcourut tous les États-Unis. Elle se rendait également de plus en plus souvent à l'étranger.

Et puis, en 1939, une terrible guerre éclata en Europe, et gagna de nombreuses régions du globe. Bientôt, les Américains se trouvèrent également impliqués dans la Seconde Guerre mondiale.

Beaucoup de jeunes soldats furent blessés au cours des combats; certains devinrent aveugles et sourds. D'autres furent estropiés, ou amputés d'un bras ou d'une jambe et perdirent le goût de vivre. Le président, Franklin Roosevelt, demanda à Helen Keller d'aller les voir pour qu'elle les aide à comprendre que la vie mérite encore d'être vécue.

Pendant quelques années, Helen se rendit d'hôpital en hôpital, d'un bout à l'autre du pays. Et, partout, elle fut la bienvenue.

– Eh ben ça, alors! lui dit l'un des soldats, j'avais entendu parler de vous à l'école, mais jamais je n'aurais pensé que, moi aussi, je deviendrais aveugle.

Helen n'essaya jamais de tromper ces hommes par des formules toutes faites.

– Évidemment, vous aurez des moments pénibles, disait-elle. J'en ai aussi. Évidemment, il y aura des jours où vous vous sen-

6 JUIN 1944

tirez angoissés, solitaires et abandonnés. Tout ce que je peux vous conseiller, c'est de vivre le plus possible comme tout le monde, que votre existence soit remplie de livres, de travail et d'amis. C'est ce que je fais… et regardez comme ça m'a bien réussi.

Quand Helen n'était pas occupée par son travail, elle passait son temps à se distraire. Elle était toujours prête à visiter des endroits nouveaux et à tenter des expériences nouvelles.

« La vie est une aventure, disait Helen Keller, ou elle n'est rien. »

Elle voyagea dans la cabine d'une locomotive. Elle descendit au fond d'une mine de charbon. La tribu des Indiens Stony la sacra « sœur de sang ». Elle monta même dans un petit avion à ciel ouvert et fut enthousiasmée.

« Nous chevauchons le vent ? » s'exclama-t-elle.

Helen accomplit aussi, à pied, les plus

rudes randonnées. Elle visita les grandes villes du monde et identifia certaines d'entre elles à leurs odeurs : le quartier italien de New York sentait l'ail, le salami et le fromage ; Paris sentait le parfum et la poudre de riz, le vin et le tabac ; Saint Louis sentait la bière.

Peu à peu, cependant, Helen Keller finit par vieillir et devint fragile. Elle dut cesser de voyager et se retira dans sa maison de Westport, dans le Connecticut. Ses journées étaient désormais paisibles, mais elle était toujours très occupée.

Elle se levait chaque matin avant cinq heures et commençait sa journée par se préparer un solide petit déjeuner. Après quoi elle partait faire un tour. Elle se dirigeait grâce aux fils de fer qui sillonnaient toute sa propriété.

« Je ne vois rien, je n'entends rien, mais je découvre des tas de choses qui m'intéressent » disait-elle.

Elle aimait caresser la peau lisse et

argentée d'un bouleau ou l'écorce rugueuse d'un pin.

« Avec un peu de chance, disait-elle, il m'arrive de poser la main sur un buisson et de le sentir vibrer quand un oiseau se met à chanter dans ses branches. »

Helen travaillait toujours six ou sept heures par jour à son bureau. En fin de journée, des amis passaient souvent la voir. Le soir, elle avait l'habitude de lire dans son lit pour s'endormir. En passant devant sa fenêtre obscure, on pouvait souvent entendre ses doigts glisser sur des lettres en relief ou des caractères de braille.

Elle vécut jusqu'à quatre-vingt-sept ans. Puis, le 1er juin 1968, Helen Keller s'enfonça dans le silence des ténèbres. Helen Keller est morte, mais son esprit continue à vivre. Comme elle le disait si souvent :

« On ne peut voir ni même toucher ce qu'il y a de meilleur et de plus beau dans le monde. Il faut le sentir avec son cœur. »

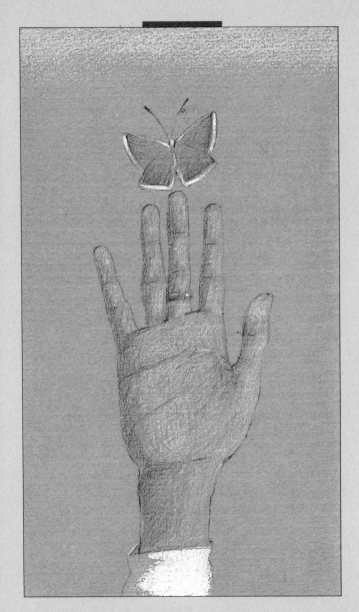

L'œuvre de **Margaret Davidson** pour la jeunesse
est très variée, allant des contes de fées
aux livres documentaires. Mais elle est surtout
célèbre pour ses biographies, dont *Louis Braille*
(Folio Cadet) ou *La Métamorphose d'Helen
Keller,* qui a remporté un prix très prestigieux
en Amérique. Elle est mariée à un scénariste, et
partage son temps entre la ville de New York et
celle de New England, dans l'État de Vermont.

Georges Lemoine est l'un des plus grands
illustrateurs vivants. Pour la collection
Folio Cadet, il a mis en images *M. Goodman
rêve de chats,* de Jacques Roubaud, *Barbedor*,
Pierrot ou les secrets de la nuit de Michel
Tournier, *Comment Wang-Fô fut sauvé* de
Marguerite Yourcenar et *La Petite fFille aux
allumettes,* de H. C. Andersen. La collection
Folio Junior lui doit aussi de très belles
images, comme celles qui accompagnent
les textes de Le Clézio, *Lullaby*, *Balaabilou*,
Peuple du Ciel, de Charles Dickens,
La Vie de Notre-Seigneur Jésus-Christ,
de Claude Roy, *La Maison qui s'envole,*
de Jean-François Ménard, *Le Voleur
de chapeaux* et *L'Île du Dieu maussade.*
Georges Lemoine expose régulièrement ses
dessins et ses aquarelles dans les galeries d'art.

La métamorphose
d'Helen Keller

Supplément illustré

Test

Es-tu persévérant et, comme Helen Keller, capable de vaincre les difficultés pour arriver à tes fins ? Pour le savoir, réponds aux questions, et retrouve les résultats de ce test à la fin du livret.
(Réponses page 128)

1 **Tu t'es engagé dans une entreprise de coloriage :**
■ tu laisses ton dessin inachevé
▲ tu abandonnes, puis tu reprends le lendemain
● tu te dépêches de terminer

2 **Après une heure de marche épuisante, il y a trois solutions :**

● continuer pour finir le parcours prévu
▲ faire une pause et rebrousser chemin
■ essayer de trouver un raccourci

3 **La maquette que tu as commencée ce matin est un peu compliquée à finir :**
■ tu laisses tomber, c'est trop dur pour toi
● tu décides de finir cette maquette pour le soir même

▲ tu demandes à tes parents de t'aider à finir

4 **Cela fait six mois que tu as commencé la danse et tu trouves cela difficile :**
■ tu décides de changer et de faire du judo
▲ tu décides de finir l'année et d'arrêter après
● tu te dis que si tu continues, ce sera plus facile l'année prochaine

5 **Le rôle que l'on t'a donné dans cette pièce de théâtre est trop difficile à apprendre :**
● tu t'acharnes en demandant à tes parents de te faire répéter

▲ tu demandes à changer de rôle
■ tu prétextes que tu es malade pour ne pas jouer

6 **Si tu avais à choisir un sport, tu prendrais :**
■ le ping-pong
▲ le ski de fond
● le tennis

7 **Au moment de faire un gâteau, que tu as promis à ta maman pour son anniversaire, tu découvres qu'il manque des ingrédients :**
■ tu fais un dessin à la place
▲ tu changes de recette et tu fais plus simple
● tu descends acheter ce qui manque

Informations

■ D'autres langages pour communiquer

Naître ou devenir sourd n'est bien sûr pas
un événement heureux, mais si tu croises
des enfants sourds dans un autobus ou dans
la rue, tu seras certainement surpris
par leur joie de vivre, leur volubilité,
leur comportement semblable à celui
des autres enfants. En effet, maintenant,
être sourd n'est plus comme autrefois
un handicap insurmontable qui fait du sourd
une personne en dehors du monde.
Ce qui a permis cette intégration des sourds
au monde, c'est la possibilité de communiquer
que leur donne le langage des signes.
Mais il n'en fut pas toujours ainsi.

■ Un peu d'histoire

C'est au XVIIIe siècle qu'un
homme, l'abbé de l'Épée
a eu l'idée de réunir
les enfants sourds
dans une école où on leur
apprendrait un langage
basé sur les signes.

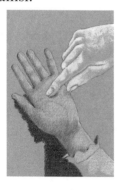

Cet abbé avait observé que les enfants sourds utilisaient, pour communiquer avec leur famille ou avec d'autres personnes sourdes, tout un ensemble de signes qui leur permettaient de faire comprendre un certain nombre d'idées  et d'envies. Avant lui, les sourds étaient souvent assimilés à des idiots. N'ayant aucun moyen de se faire comprendre, d'apprendre, ils étaient souvent mis en dehors de la communauté, enfermés dans les asiles avec les malades  mentaux, ou utilisés à des tâches ingrates. On les empêchait même de se marier.

Très impressionné par les résultats de l'abbé de L'Épée, le roi Louis XIV lui donne un local, rue Saint-Jacques à Paris, qui deviendra la première Institution nationale des sourds-muets. On y enseignait l'alphabet manuel, les mots français en signes, la lecture, l'écriture et certains métiers manuels. Grâce à ces

 méthodes, de nombreux sourds devenus adultes ont pu fonder un foyer, trouver du travail et, surtout, développer leur esprit, s'instruire, lire et découvrir l'univers fabuleux des connaissances humaines !
Ils ont pu enseigner à leur tour, en comprenant mieux leurs élèves.
Cet état de grâce a duré jusqu'en 1880, date à laquelle l'usage du langage des signes a été interdit.
Aussi bizarre que cela puisse paraître aujourd'hui, certaines personnes à cette époque ont décrété que les signes empêchaient les sourds d'apprendre à parler comme tout le monde. Tous les efforts ont alors tendu à faire articuler la langue à des gens qui ne l'entendaient pas, et à leur apprendre à lire sur les lèvres. Les gens qui enseignaient étaient, bien sûr, des entendants, qui étaient incapables de communiquer avec leurs élèves autrement que par la parole.

Apprendre à parler, quand on n'entend pas, demande que l'on s'occupe de chaque individu en particulier, comme dans le cas d'Helen avec Annie. Les sourds se sont retrouvés à nouveau,

pendant un siècle, rélégués au rang d'êtres humains coupés du monde.

■ Et aujourd'hui...

Même si les choses ont beaucoup évolué depuis l'époque d'Helen, les sourds n'ont pas encore la place qui leur est due dans le monde.

Dans de nombreuses communautés, chez les Indiens d'Amérique qui communiquent aussi en langage des signes, dans certaines tribus d'Afrique, les sourds ont souvent des responsabilités. La surdité n'est pas considérée comme un handicap.

Les sourds souhaitent aujourd'hui avoir le droit d'être sourds, c'est-à-dire que l'on reconnaisse leur langage, celui des signes, et que l'on s'intéresse à cette différence. Il reste du chemin à faire !

Jeux

■ **Quizz** ■

As-tu bien lu l'histoire d'Helen Keller ?
Pour le savoir, réponds aux questions.
A chaque réponse choisie correspond
une lettre. Si tu as bien répondu, tu verras
apparaître un mot très important pour Helen.
(Réponses page 128)

1. Comment Helen devient-elle
sourde et aveugle ?
A. elle a un accident **M**
B. elle attrape la scarlatine **C**

2. M. Keller comprend qu'Helen est sourde,
A. car elle ne réagit pas à la cloche de la cour **O**
B. car elle ne parle plus **A**

3. Les parents d'Helen décident de l'envoyer
dans une institution parce que :
A. ils ne supportent plus de ne pas pouvoir
parler avec elle **U**
B. elle devient méchante avec sa sœur **M**

4. Annie Sullivan :
A. est envoyée par l'institut Perkins **M**
B. est une amie de la mère d'Helen **B**

5. Quel est le premier mot qu'Annie écrit dans la main d'Helen ?
A. Helen **R**
B. poupée **U**

6. Le combat le plus violent entre Helen et Annie a lieu à cause :
A. du repas **N**
B. d'une clef cachée **T**

7. Pour parvenir à obtenir la confiance d'Helen, Annie est obligée :
A. de la gifler **O**
B. de s'installer seule avec elle **I**

8. Helen comprend que les mots ont un sens :
A. à force de les sentir écrits sur sa main **L**
B. le jour où elle boit de l'eau à la pompe **Q**

9. Après le sens des mots, Helen apprend à :
A. lire **U**

B. parler **V**

10. Helen participe enfin à une grande fête :
A. son anniversaire **I**
B. Noël **E**

11. Ce qu'Helen préfère découvrir à l'institut Perkins, ce sont :
A. les livres **R**
B. les autres enfants **D**

Réponses

pages 120 et 121

Compte les ■*, les* ● *et les* ▲ *que tu as obtenus.*
– Si tu as plus de ■*, tu n'es pas très persévérant. Tu*
te décourages dès qu'apparaît l'effort ou la
difficulté. Connais-tu l'immense plaisir qu'il y
a à arriver au bout de quelque chose ? Penses-
tu qu'Helen Keller aurait eu la même vie si elle
n'avait pas fait preuve, ainsi que sa maîtresse, d'une
incroyable persévérance ?
– Si tu as plus de ●*, tu es très persévérant. On peut*
dire que la difficulté ne t'arrête pas et que lorsque tu
t'es fixé un but, tu l'atteins. Bravo ! Tu arriveras
certainement à réaliser une partie de tes désirs.
– Si tu as plus de ▲*, tu es assez persévérant, mais il*
ne faut pas que l'effort te paraisse trop grand. Tu
trouves alors de l'aide, ou tu sais remettre au
lendemain. C'est peut-être une bonne méthode, mais
attention, le lendemain, on pense parfois à autre
chose !

pages 126 et 127

Si tu as répondu à toutes
les bonnes questions,
tu auras découvert le mot
COMMUNIQUER,
qui est si important pour
Helen.